SOCIÉTÉ DES ANTIQUAIRES DE NORMANDIE

Le Procès soutenu en 1657

PAR

L'UNIVERSITÉ DE CAEN

DISCOURS

PRONONCÉ

à la séance publique, tenue à Caen le 5 décembre 1895

PAR

J. FÉLIX

DIRECTEUR

CAEN

HENRI DELESQUES, IMPRIMEUR-ÉDITEUR

RUE FROIDE, 2 ET 4

1896

à Monsieur L. Delisle

son respectueusement dévoué en
reconnaissance

SOCIÉTÉ DES ANTIQUAIRES DE NORMANDIE

Le Procès soutenu en 1657

PAR

L'UNIVERSITÉ DE CAEN

DISCOURS

PRONONCÉ

à la séance publique, tenue à Caen le 5 décembre 1895

PAR

J. FÉLIX

DIRECTEUR

CAEN

HENRI DELESQUES, IMPRIMEUR-ÉDITEUR

RUE FROIDE. 2 ET 4

1896

Extrait du Bulletin de la Société des Antiquaires de Normandie, tome XVIII.

Mesdames,

Messieurs,

« Je serais bien effronté si je n'étais pas modeste », devrais-je avouer avec un des valets de Marivaux ; mais, pour aujourd'hui, vous m'avez interdit l'exercice de cette vertu facile et l'honneur insigne que vous m'avez conféré m'impose l'illusion, dès demain déçue, de le supposer justifié. Aussi quels que soient sur ce point délicat les doutes dont s'alarment les scrupules de ma conscience, mon amour-propre complaisant se refuse prudemment à les éclaircir, et son intérêt lui commande impérieusement de se dérober à toute comparaison entre les mérites qui distinguaient mes prédécesseurs et les titres que votre excessive indulgence a cru découvrir en m'appelant à leur succéder.

A cette place en effet, après votre digne diocésain, hôte assidu de ces fêtes de l'intelligence, dont la douleur fraternelle daignera agréer le respectueux hommage de notre profonde sympathie, vous avez accueilli avec une reconnaissante vénération des prélats au cœur français comme le sien, l'un vous rappelant le patronage sacré, étendu sur le mont jalousement cher aux Normands et toujours victorieux des assauts de la mer ou des attaques de l'ennemi, un autre, empressé à prodiguer les plus touchants témoignages de sa pitié attendrie et de sa ferveur patriotique à la naïve paysanne soldat de Dieu, dont le dévouement libérateur s'obstina jusqu'au martyre. Vous savez s'il pratiquait ce double culte, l'esprit généreux, juvénilement épris de toutes les gloires et sensible à tous les revers de son pays, qui avait, débutant comme un maître, jugé les « effrois » de la Jacquerie avec une sereine impartialité et semblait, soit qu'il mît au jour la chronique de la vieille forteresse monastique, soit qu'il contât l'enfance de la vierge lorraine ou la jeunesse de Duguesclin, se délasser par la variété de ses recherches du rude et opiniâtre labeur auquel l'astreignait sa belle édition de Froissart, brusquement arrêtée par la mort qui fauchait l'infatigable commentateur en pleine maturité de l'âge et du talent. En inscrivant leurs noms à côté de celui de l'érudit pour lequel la guerre de Cent-Ans n'avait plus de mystères, vous avez consacré la sagacité persévérante de l'investigateur qui avait surpris dans les carnets de Mazarin le secret de la politique du grand ministre, comme vous applaudissiez au succès de l'écrivain qui popularisait l'héroïsme de Jeanne d'Arc et flétrissait les hontes de la justice révolutionnaire. Vos suffrages enfin n'encourageaient-ils pas à de nouvelles infidélités le transfuge repentant, qui, pour un temps trop court, sacrifiant la société du dieu du commerce à la fréquentation plus aimable de la muse de l'histoire, cédait à l'irrésistible séduction de Louise de La Vallière, et lorsqu'ils se fixaient sur l'éminent administrateur de notre Bibliothèque nationale, ne les incliniez-vous pas devant l'étendue des connaissances les plus diverses unie au charme de la plus exquise et féconde bienveillance ?

La présomption la plus robuste n'oserait, en regard de ces existences si remplies, mentionner une vie obscurément confinée dans l'exacte observance du devoir professionnel et dont les loisirs seuls se sont dépensés en ces distractions littéraires ou artistiques, qui attirent ceux que bientôt elles captivent et passionnent. Études aimées ! je leur devais trop de joies intimes et de pures jouissances pour ambitionner d'autre récompense que les faveurs dont elles comblent ceux qui s'y adonnent, et ma reconnaissance ne résiste pas à la tentation de s'approprier l'invocation connue du publiciste au tact subtil, à la plume acérée, de Prévost Paradol, qui, contre une défaillance momentanée, a oublié de réclamer leur fortifiant secours : « Salut, lettres

« chéries, douces et puissantes consolatrices, vous
« êtes comme les sources limpides cachées à deux
« pas du chemin sous de frais ombrages ! celui qui
« vous ignore continue à marcher d'un pas fatigué ;
« celui qui vous connaît, nymphes bienfaisantes,
« accourt à vous, rafraîchit son front brûlant et
« rajeunit son cœur ».

L'amateur est au savant ce que le touriste est à
l'explorateur, et vous n'avez pu, en daignant accorder quelque attention à ses timides excursions
sur le domaine qui vous est familier, vouloir vous
exposer à encourir le soupçon de partialité pour
une œuvre dont, à plus juste titre que lui, vous
auriez le droit de revendiquer la paternité. A vous
lire, à écouter les leçons qui tombent de ces chaires
occupées souvent avec éclat, toujours avec conscience et distinction, la vivacité de mon goût pour
les plaisirs de l'intelligence s'est maintenue et dé-
veloppée. Pour être anciens, mes souvenirs ne
sont pas moins fidèles ; ils me reportent à plus de
vingt-cinq ans en arrière, — je m'imagine fêter
des noces d'argent ; — ils me rappellent les jours
d'antan, où, dépouillant hâtivement son costume
officiel pour se ranger derrière d'autres robes plus
gracieusement portées, qui attestaient, elles l'attes-
tent encore, que dans l'Athènes normande l'amour
des lettres n'est pas un apanage exclusivement
masculin, le magistrat, redevenu volontiers étudiant,
entendait discuter quelque thèse historique avec la

gravité et la ferme précision d'un langage soigneusement châtié, ou suivait dans ses détours ingénieux l'analyse déliée de la pensée de nos écrivains nationaux, exposée par une parole alerte et élégante, ne refusant ni la pointe d'une piquante ironie, ni le sel d'une allusion malicieuse, parfois mordante, au critique exercé, dont les auditeurs restaient convaincus qu'il eût rapatrié du midi au nord, de Provence en Normandie, si jamais il s'était envolé loin de vos murs, « cet esprit fin et railleur qui est naturel à Caen », au dire de votre compatriote Huet.

Comment à l'heure où, dans sa mémoire demeurée constante, réapparaissait l'image de cette docte génération, dont les survivants sont entourés d'un respect si légitime, l'avocat général de 1867 pourrait-il ne pas évoquer, en cette enceinte où son nom ne saurait s'effacer dans l'oubli, la grande figure du jurisconsulte illustre, parleur aussi disert que souple écrivain, dont l'enseignement a été la gloire de votre Faculté de droit et qui a laissé à la science et à la pratique juridiques, avec un livre classique, des élèves dignes héritiers, à l'école et au barreau, de son talent et de son savoir ?

Par une de ces attentions délicates dont le cœur seul recèle le secret et suscite l'inspiration, vous m'avez donné, mes chers confrères, — je n'accepte pas d'autre explication de votre désignation flatteuse, — l'infinie satisfaction d'adresser à cette élite intellectuelle dont s'enorgueillissent votre pays et votre société, professeurs, savants, lettrés, artistes, archéologues, historiens, le public hommage de notre commune gratitude ; désireux de vous exprimer plus complètement la mienne, j'ai songé que vous n'entendriez pas avec indifférence le récit de quelques épisodes, extraits de l'histoire de cette grande Université de Caen, dont plus d'un parmi vous entretient avec honneur les traditions quatre fois séculaires.

Créée par Henry VI, roi d'Angleterre, en 1431, dotée en quelques années de ses cinq facultés de droit canon, droit civil, théologie, arts et médecine, entourée des collèges qui se rangeaient sous son adoption, des ordres religieux qui s'agrégeaient avec un empressement quelquefois suspecté, — on le vit pour les Oratoriens et les Jésuites, — à un corps rapidement devenu puissant et auquel son fondateur avait concédé de précieux privilèges, l'Université de Caen jouit bientôt d'un renom mérité qui ne fit que s'accroître avec la durée de ses services, et si, au XVIe siècle, le recteur qui le premier s'est inscrit sur son Matrologe, Pierre de L'Esnauderie, empruntait, en la comparant au Paradis, le langage biblique de Salomon pour l'appeler « amie, « fille choisie, épouse, reine », l'un de ses successeurs veillait soigneusement, en 1769, à consigner sur les registres les paroles échangées lors de sa visite à Mgr de La Rochefoucauld, l'archevêque de Rouen, « pour dissiper, » écrivait-il, « les faux et

« frivols préjugés de ceux qui s'imaginent que
« l'Université de Caen est la fille et non la sœur
« de celle de Paris ». La grande sœur semblait
d'ailleurs concéder l'égalité qui devait régler ses
rapports avec sa parente provinciale, en lui commu-
niquant les censures ou les opinions qu'elle émet-
tait sur les publications alors si contestées de
Mably, Buffon, Raynal, Jean-Jacques Rousseau.

L'Université survécut à l'expulsion des Anglais
qui l'avaient établie, et la royauté française, non
moins zélée pour la noble cause qu'elle représentait,
confirma ses privilèges sous forme de création nou-
velle. L'Église avait tenu aussi à s'associer à une
œuvre dans laquelle son immixtion était autorisée
par sa surveillance sur l'enseignement théologique,
et, dès 1439, la papauté qui n'a, non plus que nos
monarques, jamais cessé de s'intéresser à l'existence d'une institution destinée à favoriser le pro-
grès de la moralisation des individus et de la civi-
lisation des peuples, instituait comme chancelier
de l'Université l'évêque de Bayeux. C'est ainsi que
le vice-chancelier choisi par ce diocésain (plus tard,
l'official réunit toujours cette fonction à la sienne)
devint le conservateur des privilèges apostoliques
conférés à ceux qui composaient la famille universitaire, tandis que le bailli de Caen, commis dès
1445 « pour congnoistre et décider de leurs causes
« tant en action personnelle comme réele », était
constitué conservateur des privilèges royaux, double

courant d'influences rivales entre deux pouvoirs souverains que l'on rencontre à chaque pas dans notre histoire nationale, et qui n'a pas peu contribué à féconder les débuts et le développement de ces grands séminaires de la science : protectorat religieux ou civil soumis à la surveillance de l'évêque, ou fonctionnant sous l'œil du parlement auquel cette mission était dévolue en dernier ressort, il était considéré non comme un titre purement honorifique, mais comme le devoir d'une charge dont le bailli Thomas Sever eût à revendiquer la prérogative, lorsque, sur sa réclamation énergique, son collègue de Rouen dut abandonner la prétention de s'attribuer la connaissance des procès de l'Université.

Elle grandissait sous ce patronage, dont l'ombre recherchée couvrait non seulement professeurs et élèves, mais tous les familiers, fonctionnaires, suppôts ou officiers attachés à son service ; attirés par les exemptions d'impôts ou autres faveurs équivalentes, ils formaient un ensemble imposant dont le détail, je n'ose encore pas affirmer que la nomenclature en est complète, vous semblera sûrement excessif : recteur, chancelier ou vice-chancelier, syndic ou procureur général, avocats et promoteurs des privilèges apostoliques, procureurs, notaires, scribes de la juridiction des privilèges apostoliques, appariteurs, avocats et procureurs ecclésiastiques, avocats et procureurs civils, scribes généraux ou greffiers, greffier-secrétaire qui réunit plus tard son office à celui de receveur, gardes de la librairie et bibliothécaires, cartiers, claviers, sonneur de cloche, écrivains, enlumineurs, orlogeur, imprimeurs, libraires, messagers, papetiers, parcheminiers, relieurs. On avait cependant tenté, au début, de réduire à un chiffre plus rationnel le nombre des privilégiés ; mais l'on avait promptement dépassé ces limites, tracées le 3 février 1449 par la sagesse du roi Henry VI : « que ung avocat, « ung procureur, ung sonneur de cloques, deux « libraires, deux parcheminiers, deux enlumineurs, « deux relieurs de livres, six bedeaulx, cinq huis- « siers à chascune des cinq facultez ung et sept « messagiers à entendre à chascun dyocèze de « nostre dit duché ung, vous, jusquez à icelluy « nombre de familliers et serviteurs d'icelle nostre « Université, vous tenés ou facés tenir quittez et « exens desd. tailles, aides et octroys ». Parfois, sans doute, l'honneur d'appartenir à une corporation considérée avait été l'unique mobile qui avait provoqué les démarches des titulaires de ces emplois ; c'est ainsi qu'en 1769, l'on voit une libéralité du comte de Faudoas, mestre de camp de cavalerie et sous-lieutenant de gendarmerie, lieutenant général en 1789 de la milice nationale, précéder, à un court intervalle de temps, sa nomination à l'office de messager de Rouen. L'année précédente, de Renault, seigneur et patron d'Argouges, avait été investi des mêmes fonctions ; en 1766, le messager de Bayeux était Pierre-Charles Le Vicomte, chevalier, seigneur et patron de Villes, et six ans auparavant, du Touchet, chevalier, seigneur et patron honoraire d'Arbois, avait prêté serment e .tre les mains du recteur pour l'office de porte-masse des facultés des droits. J'aimerais à penser que ces ambitions étaient assez désintéressées pour n'offrir point de prétexte aux reproches formulés en 1618 et 1609 par les échevins, qui dénonçaient nommément des drapiers investis d'offices de relieurs, libraires ou imprimeurs, bien qu'ils n'en eussent jamais appris les métiers, et s'élevaient en ces termes indignés contre des pratiques illégales et préjudiciables à leur gestion financière : « Il n'y « a gros marchand qui n'ait un office de l'Univer- « sité sans l'exercer, mais seulement pour frauder « et frustrer les droits du Roi et du public sous « l'exemption du privilège ; ils ne cessent de tra- « fiquer et vendre de ces offices par 3 ou 400 écus « chaque, et plus. » Le contentement d'être classé dans une catégorie supérieure à celle où figurait la masse de ses concitoyens ne suffisait-il pas souvent, indépendamment de tout bénéfice matériel, à une époque aussi amoureuse que la nôtre de toutes les distinctions sociales, si l'on en juge par ce fait que les professeurs, auxquels leur titre seul assurait de complètes immunités, étaient appelés, en 1657, à défendre devant la Cour des Aides une noblesse que l'on prétendait usurpée ?

Des garanties sérieuses étaient pourtant imposées par des statuts émanés de l'autorité civile et
religieuse et une succession périodique de règlements qui se multipliaient en proportion de la fré-
quence des réclamations. L'élection des recteurs
avait été organisée en vue d'écarter les entreprises
de la brigue ou les intrigues de l'amour-propre.
A Paris, ce fonctionnaire était élu par quatre « *in-
trants* » ou docteurs représentant les quatre nations
comprises dans l'établissement scolaire, ainsi qu'en
témoignait un de ses clercs au XIVe siècle :

> Quan on fait un recteur et qu'on le doit eslire,
> Es quatre procureurs gist vérité planière
> De le nomer recteur de nostre mère chière.

Le cérémonial de son élection à Caen, transmis
par des documents datés de 1439 et 1457, se trouve
tout au long reproduit dans un procès-verbal des
24 et 25 avril 1767, conservé aux archives de la
Seine-Inférieure. Cinq « augures » — la gravité
universitaire leur enjoignait-elle de se regarder
sans sourire ? — élus chacun par une des cinq
facultés parmi ses docteurs et régents, réunis dans
la salle du Chapitre des Cordeliers, après avoir prêté
serment de voter en conscience entre les mains du
vice-recteur, qui leur adressait une allocution en
latin, se rendaient dans l'église du couvent où ils
entendaient une messe, à l'issue de laquelle, dans
une chapelle adjacente, laissés seuls pour éviter

tout soupçon de pression ou de subornation, ils devaient procéder à l'élection pendant le temps, une heure ou une heure et demie, que se consumait une chandelle de cire, prescription que rappellent les formalités modernes de nos ventes aux enchères. Puis l'on rentrait dans la chambre capitulaire, où le nouveau recteur, serment prêté, recevait le sceau, les clés, le livre destiné à inscrire ses actes et, revêtu des insignes de sa dignité, prononçait à son tour un discours en latin. Un compte du 28 juin 1515 confirme ces détails, en mentionnant la dépense de 2 sous 6 deniers pour la célébration de la messe et 3 deniers pour la chandelle de l'élection. Malgré d'aussi sages précautions, une enquête faite en 1583 et qui aboutit à la publication du règlement de 1586 « sur les disciplines libérales de l'Université » avait signalé comme recteur un futur conseiller au parlement de Normandie, Anne Du Buisson, fils et frère de professeurs en droit, âgé seulement de 19 ans et reçu maître aux arts depuis quatre ou cinq ans. L'intervention répétée des magistrats de la Cour, conservateurs avec le bailli des privilèges royaux, s'explique donc par la réitération des abus qui motivaient leurs voyages et leurs investigations. En 1521 déjà, le conseiller commissaire Jessé Godet semblait avoir réussi à rétablir l'ordre, si l'on en croit le récit élogieux où il est comparé à « Philo- « mèle qui excelle entre tous les oiseaux » et aux

deux plus célèbres orateurs de la Grèce et de Rome,
en faisant accepter par la savante assemblée ce que,
dans un langage qui n'a rien de cicéronien, le
matrologe appelle « diffinitivam sententiam Parle-
menti ».

Des imperfections inhérentes à toute institution
humaine n'avaient pu néanmoins porter une grave
atteinte à la prospérité de l'Université, assurée par
le renom incontesté de ses maîtres, le nombre et
le zèle de ses élèves, la faveur publique ; les critiques qu'elle avait encourues, si elles avaient parfois
révélé un relâchement momentané de la surveillance, ou quelques négligences dans l'enseignement, avaient motivé la promulgation de prescriptions qui traduisaient sous une forme plus précise
des obligations qu'elle s'efforçait de remplir, et son
repos n'était menacé par aucune hostilité ouverte
ou occulte, lorsqu'en 1657 il fut, assez injustement
selon toutes les apparences, troublé par l'un des
siens, adversaire réchauffé dans son sein, le mot
s'applique au physique comme au moral, pour qui
a lu les vers tracés sous le portrait de ce personnage bizarre :

> Affublé de huit bonnets gras,
> Botté de huit paires de bas,
> D'un vent coulis la sourde atteinte
> Me fait encor frémir de crainte.

« C'est ici, » dit Huet, « une figure à deux visages »,

et si archéologues et philosophes n'ont pu réussir
jusqu'à présent à s'accorder sur l'authenticité des
bustes de Platon, l'on n'éprouve pas un moindre
embarras à vouloir fixer avec une ressemblance
impartiale les traits ridiculisés par la caricature du
héros burlesque de la Mandarinade. Ayant ren-
contré aux eaux de Bourbon le fameux médecin
Delorme, ce malade imaginaire n'avait-il pas cru
servir les intérêts de l'humanité souffrante en faisant imprimer le résultat de leurs conversations
sous le titre alléchant de « Moyens faciles et éprou-
« vés par M. Delorme pour vivre cent ans » ! Il n'y
a qu'un pas de là à la plaisanterie par laquelle on
lui aurait persuadé qu'à la lecture du livre, le roi
de Siam l'avait nommé mandarin et, soucieux de
recevoir ses soins, avait donné l'ordre de l'amener,
fût-ce par la violence, jusqu'en sa cour, honneur
périlleux auquel il ne s'était soustrait qu'en sollici-
tant d'un des plus savants professeurs de la faculté
de médecine, Maheust, sieur de Vaucouleurs, Un
certificat de son ignorance de l'art de guérir; un
orgueil excessif s'accommode aisément d'une naïve
crédulité, et l'on serait d'autant moins entrainé à
suspecter la vraisemblance de l'anecdote, qu'au
siècle suivant, l'on surprend l'auteur d'une agréable
comédie, *le Cercle*, demeurée inscrite au répertoire
du Théâtre-Français, le littérateur Poinsinet, accou-
tumant ses jambes à supporter l'ardeur d'un bra-
sier, pour se rendre apte à acquérir la charge d'écran

du roi, ou, victime confiante et prématurée de sympathies internationales dont notre temps a salué la consolante éclosion, apprenant, avec une application couronnée de succès, le bas-breton substitué à la langue russe par des mystificateurs qui l'avaient berné de l'espoir d'être reçu à l'Académie de Saint-Pétersbourg.

Il serait pourtant rigoureux, comme vous le faisait naguère remarquer un confrère érudit et spirituel qui a recueilli dans l'héritage paternel le talent de rendre la science aimable, de limiter à cet unique aspect la physionomie exacte de Michel de Saint-Martin, et la justice commande de constater qu'une incommensurable vanité, la susceptibilité rancunière qu'elle engendre habituellement, des préoccupations hygiéniques dont la minutie confinait à la manie et qu'il avait empruntées au médecin Delorme, signalé aussi à la raillerie contemporaine par l'exagération de ses précautions contre le froid, l'importance solennelle qu'il attribuait à la moindre de ses paroles ou de ses actions, et qui lui dénonçait comme une atteinte portée à sa dignité le rire même d'un passant, la complaisance outrée avec laquelle il appréciait sans vergogne les écrits de sa plume prodigue, ont terni de réelles qualités, altéré un caractère rendu ombrageux et irascible, fait oublier des connaissances variées, sinon profondes, et laissé méconnaître une générosité bruyante, mais sincère.

Après quelques voyages accomplis en Europe, l'abbé Michel de Saint-Martin, reçu docteur en théologie en l'Université de Rome, s'était fait, en 1650, agréger à la faculté de théologie de l'Université de Caen, dont il avait même été élu recteur en 1653. Investi des privilèges que lui assurait cette incorporation, tout en étant, on ignore pour quel motif, dispensé d'enseigner, il employa une partie des revenus que son père avait acquis dans le négoce à satisfaire aux devoirs de la reconnaissance, en même temps qu'à son goût pour l'ostentation, par des dons importants et des travaux profitables à l'utilité publique, créant en faveur des Oratoriens une chaire de théologie, plus tard transférée aux Jésuites, entreprenant à ses frais les réparations de l'école de théologie, élevant pour l'embellissement de la ville des monuments et des statues, fondant des prix pour le Palinod, instituant au collège du Bois des récompenses, dont un joli quatrain latin de Moisant de Brieux nous a transmis le souvenir, mais veillant avec un scrupule inquiet à inscrire dans les contrats et sur les murailles la mention de largesses, dont il se fût abstenu si elles avaient dû rester anonymes ; partout, en effet, les armoiries de ce fils de marchand entiché de noblesse, étalées avec son nom et ses titres, annonçaient *urbi* et *orbi* la munificence du bienfaiteur de la cité, du « réparateur des écoles » ; il était de ceux qui aiment à signer leurs libéralités.

Mais quel qu'en fût le mobile, si elles ne lui donnaient pas un droit de contrôle sur l'administration scolaire, ne l'autorisaient-elles pas à exiger l'exécution correcte des conditions auxquelles elles étaient subordonnées ? Membre de l'Université, n'était-il pas d'ailleurs intéressé à la cessation d'abus nuisibles à sa considération ? Des discussions peu courtoises avec ses collègues, de futiles querelles de préséance n'avaient pas tardé à aigrir des rapports déjà tendus ; la patience était la moindre de ses vertus, et il n'hésita pas à produire ses récriminations d'abord au tribunal du bailli et, sur appel, au Parlement. Le conseiller Sallet, commis par la Cour, passait pour avoir opéré une médiation heureuse entre deux cents gentilshommes de la province, qui avaient pris rendez-vous pour vider leurs différends les armes à la main, succès assurément plus facile que la tâche d'apaiser l'humeur batailleuse de cet enfant de Saint-Lô, qui avait à son service deux scribes, dont l'un pour ses procès, émule anticipé de votre intendant Richer d'Aube,

Qu'une ardeur de dispute éveillait avant l'aube

et apte à toujours dire, avec une plaideuse émérite :

Tous mes procès allaient être finis ;
Il ne m'en restait plus que quatre à cinq petits.

Ces lignes, écrites en 1654 au recteur, la veille de

l'audience, dévoilent bien, par le ton emporté dont
elles sont empreintes, la passion qui animait l'irascible lutteur : « Les écoles, quand j'y suis venu,
« estoient comme une grange, et il y a trois fois
« plus d'écoliers qu'il n'y avoit, voire six fois, depuis
« que j'ay fondée ma chaire ; et cependant vous
« voiés comme on me traite. Je vous envoie cy
« dedans une partie de ce qui fut dit en Sorbone à
« celuy qui fonda une sixième chaire qui n'estoit
« pas si utile comme celle que j'ai icy fondée ; et
« s'il avoit fait rebastir les écoles, on eust dit toute
« autre chose. Il fera beau ouyr demain tout cela
« au Présidial ».

L'on plaida donc, et les pièces analysées avec
de si intelligents développements dans le conscien-
cieux inventaire de vos archives départementales,
les articles proposés, au nombre de quatre-vingt, par
Saint-Martin et la réponse de Le Bidois, principal du
collège des Arts, représentant l'Université, qui font
partie du dépôt des papiers et registres judiciaires
confié à Rouen à un autre titulaire dont le nom, syno-
nyme de savoir et d'obligeance, votre secrétaire me
permettra de le rappeler devant lui, est doublement
cher à tous les amis de la science, fournissent sur
la discipline, l'enseignement et l'état des bâtiments
universitaires des renseignements, dont l'intérêt
me fait espérer le pardon de longueurs excusées
déjà par votre inépuisable indulgence.

Les concierges remplissaient-ils exactement leurs

fonctions, et par suite les sorties nocturnes ou irré-
gulières étaient-elles rendues impossibles ? Le
Bidois l'atteste et en affirmant, à l'encontre des in-.
sinuations de son adversaire, que l'on opère les
inspections prescrites dans les chambres pour y
découvrir armes ou livres défendus, il remarque
malignement que celui-ci n'en a fait aucune durant
son rectorat. Le port des armes, longtemps autorisé
à Orléans, surtout hors de l'enceinte scolaire, s'y
justifiait par la présence d'étudiants, souvent gentilshommes, appartenant à la nation de Germanie,
professant la religion réformée et qui, circulant de
France en Allemagne, pouvaient demander à leur
épée, signe apparent de leur noblesse, une protec-
tion efficace contre les attaques auxquelles les
exposaient leur origine et leur culte. Il était interdit
à Caen, où, malgré des habitudes de tolérance dont
les traces se retrouvent dans les délibérations rela-
tives à l'établissement du collège des Jésuites, le
catholicisme exerçait aux écoles une prépondérance
assez exclusive pour que, le 28 juin 1656, l'on pro-
posât de priver de son office le papetier, accusé,
ainsi que le parcheminier, de pratiquer le protes-
tantisme. La messe, d'ailleurs, était dite chaque
matin à six ou sept heures, suivant la saison, et
contrairement à une tradition, à des prescriptions
même datées de 1586, qui paraissent avoir été de
bonne heure intentionnellement négligées par la
sage direction des écoles caennaises, l'assistance

des élèves y était constatée par le principal, et non
par un condisciple chargé d'une surveillance, toujours suspecte à ses maîtres, infailliblement odieuse
à ses camarades. L'on agissait de même pour
assurer l'exacte observation de la règle qui inter-
disait de parler « françois tant en l'églize, salle,
« chambre, classe, court, que autres lieux », défense
qui explique la facilité de nos pères à exprimer
couramment leur pensée en latin. C'est ainsi que
Montaigne s'était, grâce aux précautions paternelles,
« latinisé sans art et sans peine », et Madame de
Genlis, qui se loue d'avoir, pour l'éducation des
princes d'Orléans, appliqué cette méthode à l'enseignement des langues vivantes, en devançant un
usage universellement adopté de nos jours, aurait
triomphé avec moins d'orgueil, si elle s'était sou-
venue que rien n'est nouveau sous le soleil.

J'omets volontiers les critiques dirigées contre
le costume des professeurs, qui ne paraissent pas
fondées, et les reproches faits aux étudiants de
porter, au lieu de « manteaux à manches vestues
« ou passées avec la ceinture par dessus et de
« toques ou bonnets », des « chapeaux et manteaux
« sans manche, n'ayant pas la commodité de faire
« la despense » ; je ne m'arrête pas davantage à
l'allégation démentie que l'on ne représenterait pas
deux fois l'an, au collège des Arts, « les églogues,
« dialogues, comédies ou tragédies », visés par les
règlements, et je relève un grief plus sérieux qui a

trait à la présence de femmes dans les écoles. Le
factum de l'adversaire de l'Université contient à ce
sujet des articulations dont on est contraint de re-
connaître la précision : une fille qui aurait demeuré
au collège du Bois en serait sortie enceinte, le collège du Cloustier logerait des femmes et le collège
des Arts, gouverné par Le Bidois, donnerait asile à
une matelassière, sans compter une femme occu-
pée au service du principal, qui « doibt estre faict
« par de pauvres garçons qui pouroient par ce
« moyen profiter aux lettres » ; des marchandes y
seraient admises et un enseignement commun aux
deux sexes y serait donné. Il faut avouer que ces
récriminations ne sont pas absolument contredites
par les réponses du mandataire de l'Université, qui
reconnaît « qu'au colège du Bois il y a des maisons
« dont l'ouverture est sur la rue, dans lesquelles
« maisons ont demeuré et demeurent encore des
« gens de mestier qui ont des femmes et servantes.
« A ouy dire qu'il y eut une fille de l'une desd.
« maisons qui eut un enfant, laquelle fut inconti-
« nent expulsée, il y a du moins six à sept ans et
« depuis n'a cognoissance qu'il y soit arrivé aucun
« scandalle ». L'explication relative au collège du
Cloustier n'est guère plus satisfaisante, et Le Bidois
déclare « qu'il ne sçait quelles personnes y de-
« meurent et s'il y a eu du désordre, le d. de
« Saint-Martin comme recteur l'a deub corriger
« led. colège estant sous la direction du recteur ».

Il repousse plus péremptoirement les autres reproches, en disant « qu'il ne demeure aucune femme
« dans la maison ; qu'il est bien vray qu'une femme
« de soixante et dix ans pour le moins vient quel-
« ques fois aider à son valet au mesnage de sa
« maison, sans jamais y avoir couché ; dict aussy
« qu'en une classe qui sert de sixième, dont la
« porte ouvre sur la rue et où l'on enseigne les
« plus petits enfants croid qu'il y a peu venir quel-
« que petite fille de quelque honeste maison voi-
« sine ; méconnoit avoir jamais loué aucune chose,
« mais luy a permis charitablement à une paouvre
« fille dévote qui sert et a travaillé chez led. de
« Saint-Martin de reserrer dans un grenier quelque
« peu de layne et luy a racommodé des matelas
« dans led. grenier et que lors qu'il a esté deub
« quelque argent à des boulengères ou paticières,
« ilz ont peu le venir demander et mescognoit qu'il
« y ayt jamais eu aucun scandale. » Le soleil lui-
même a ses taches, et l'on doit juger sans rigueur
les légères négligences d'une Université qui a eu
la gloire de former, entre autres disciples, les poètes
Malherbe, Chandeville, Garaby de La Luzerne, remis
au jour par l'un de vous, Sarrasin, l'historien de
la maison d'Harcourt André de La Roque, Huet,
dont la reconnaissance pour ses maîtres s'épanche
en une effusion si sincère, et son devancier dans la
rédaction de l'histoire locale, Charles de Bourgue-
ville, qui nous apprend avec une naïve satisfaction

comment, au collège du Bois, la mère vénérée pro-
diguait à ses nourrissons le pain du corps avec
l'aliment de l'esprit : « Me recorde que pour lors
« étions bien soixante pensionnaires ; et ceux de
« la plus grande pension ne payoient que trente
« francs, qui estoient traictez comme au plat des
« Régens, et trois fois la sepmaine du rotty à
« souper, mouton, poullets ou pigeons ».

Admis à jouir de ce régime réconfortant, après
un examen de capacité renouvelé au changement
annuel de classe, l'écolier étudiait les humanités,
pour suivre ensuite les cours d'une ou plusieurs des
cinq facultés, jusqu'au moment où, muni de lettres
« testimoniales » attestant le « commencement et
« continuation d'estudes en Université fameuse »,
il se présentait pour prendre ses degrés. Le travail
d'ailleurs ne subissait guère de chômage et, sans
craindre de surmener les élèves, les leçons partaient
du 10 octobre, lendemain de la Saint-Denis, des
« dionysiales », disait-on, avec l'affectation de lati-
niser qui était alors à la mode, en risquant une
confusion entre les fêtes de l'évêque et du dieu païen
des vendanges ; sauf pour les écoles des droits,
où elles se terminaient au mois d'août, elles ces-
saient le 7 septembre, ne laissant qu'un mois de
vacances aux étudiants, et ne réservant le congé du
lendemain ou « crastinum » qu'aux solennités de
Pâques, de la Pentecôte et de Noël.

Le jeudi paraît cependant, excepté quelquefois

pour les examens, avoir été de longue date un jour
affecté au repos. Un arrêt du Parlement, rendu le
1ᵉʳ février 1512, maintenait comme légitime l'observance en l'Université des lois d'Orléans du jeudi
(diei Jovis), que les étudiants avaient coutume
d'appeler le jour de Justinien (festum Justiniani), et
dans un calendrier scolaire du XVᵉ siècle, conservé
aux archives de votre département, mention est
faite de l'absence de leçons, lorsqu'il n'y aura aucune fête dans la semaine, « ubi non erit festum in
« ebdomadâ, die Jovis non legetur ». C'était le jour
naturellement choisi pour les assemblées de l'Université ; les doyens, le recteur et les professeurs
composaient ces réunions, appelées « Jovialles »,
d'où sortaient, sous le titre de « conclusions », les
délibérations qui intéressaient le corps enseignant.
Leur assistance était, comme dans certains conseils
ou comités contemporains, rémunérée par une
somme, sorte de jeton de présence, dont l'abbé de
Saint-Martin fixe à 4 livres l'importance, réduite à
« un sold marqué » par son adversaire, qui ajoute
qu'on s'en est souvent privé en considération du
peu de revenu dont on disposait.

Comment des auditeurs nombreux et assidus ne
seraient-ils pas accourus à la voix de maîtres, dont
la renommée perpétuée jusqu'à nous atteste le soin
scrupuleux apporté à leur recrutement le plus souvent opéré par l'épreuve du concours : Antoine
Halley, notamment, qui partagea avec son frère

Henry, professeur des droits, l'honneur d'initier Huet à la connaissance des lettres et de la science juridique, ou Jean Rouxel, qui l'avait devancé dans l'enseignement de l'éloquence comme dans la composition de poésies latines d'une lecture encore agréable, provoquant peut-être ainsi la vocation de l'illustre lyrique né dans vos murs, auquel un éminent professeur d'une de vos facultés consacrait naguères des pages si attachantes et méritant du savant évêque d'Avranches cet éloge digne même aujourd'hui de tenter l'ambition d'un sage : « Son « cabinet fit ses délices et les affaires publiques « firent son aversion ». Ne professait pas d'ailleurs qui voulait à l'Université de Caen, et le recueil d'arrêts annotés par l'avocat Le Normand que possèdent les archives de la Seine-Inférieure mentionne, à la date du 7 mai 1658, une décision par laquelle, après que Mᶜ « Hallé, docteur professeur, tant pour « lui que pour ses collègues, eust faict ung plaidoyer « en latin, mais tout à fait docte et élégant », les deux candidats à la chaire de droit vacante, par le décès de Michel Le Boucher, ayant été écartés par les docteurs et professeurs, le Parlement dit « qu'avant de faire droit sur les appellations et con- « clusions des parties, seroient faictes tout de nou- « veau disputes publiques le lundy d'après l'As- « cension par devant les conseillers commissaires « qui seroient à ceste fin députés par la Cour, « auxquelles seroient reçues toutes sortes de per-

« sonnes qui voudroient aspirer à ladite chaire, et
« seroit aussi proposée une consultation de droit
« aux contendants, et ce en la présence des doc-
« teurs professeurs de l'Université de Caen, lesquels
« estoient invitez de s'y trouver ».

Parfois des embarras pécuniaires, dont la res-
ponsabilité remontait à la ville ou au gouvernement,
venaient entraver le fonctionnement régulier de
l'institution, et l'on était réduit à avouer l'absence
d'un maître de mathématiques, ou l'abandon fréquent de la chaire de théologie par le P. Boulay,
qui, n'arrivant pas à toucher exactement et inté-
gralement son traitement, — on aura soin en 1662
d'exiger de son successeur, le P. Chaluet, l'enga-
gement de ne pas l'imiter, — se consacrait aux
fatigues plus rémunératrices de la prédication ; le
grec même, pour l'amour duquel aucune faveur
spéciale n'était sans doute octroyée, semble aussi
être tombé en disgrâce, comme si revivait le souvenir du dicton attribué au jurisconsulte Accurse :
« du grec, on le passe ; græcum est, non legitur ».
Mais la pénurie excusait des lacunes passagères :
« la dureté des temps ayant diminué le nombre des
« escoliers, les régents ont peinne », répondait-on
aux critiques d'un adversaire au courant de cette
situation, « à subsister pour le peu de revenu de
« leurs classes », et Le Bidois ajoutait que la somme
de ses gages avait « souvent esté diminuée tantost
« d'un quartier, tantost de deux, quelques fois de

« trois et mesmes en l'année 1646, le parlant ny
« aucun des autres prpfesseurs n'en touchèrent
« aucune chose et à présent n'en sont lesd. pro-
« fesseurs payez que de trois quartiers et on paie
« l'ordinaire deux ans après les termes écheus ».
Les repas usités lors de la reddition des comptes
ou de l'installation du recteur avaient été plus
d'une fois supprimés à cause de l'insuffisance des
revenus, et le principal du collège des Arts rappelle
malignement au conseiller qui l'interroge à ce propos
« que lorsqu'on eut la pensée d'élire pour recteur
« led. sieur de Saint-Martin, on l'advertit quelques
« jours auparavant qu'il y avoit aparence qu'on luy
« donneroit lad. charge de peur qu'il ne luy arri-
« vast quelque disgrâce s'il luy eust falu faire un
« remerciement en latin, et sur cet advis il fit grand
« bruit dans toute la ville qu'il voulloit traister
« splendidement l'Université et néansmoins ceux
« qui pensoient trouver un festin d'Assuérus n'en
« trouvèrent qu'un de Diogène ». La dépense arrê-
tait moins les bacheliers, licenciés ou docteurs qui
prenaient leurs degrés, et la collation de leurs gra-
des se passait rarement sans être accompagnée de
dîners, distributions de dragées ou aubades de
« flûtes, rebecs et tabourins d'Allemant. » Les droits
d'examen et de diplôme étaient d'ailleurs modiques
(21 livres pour le titre de maître aux arts) ; mais
la consignation préalable de ce prix, « honorarium »,
était généralement imposée aux candidats, sauf

restitution en cas d'échec, « ce qui est un grand
« abus, d'autant qu'on a peine à rendre l'argent
« reçu, ce qui fait qu'on reçoit des personnes inca-
« pables », remarque le conseiller commissaire
Sallet, qui aurait dû, ce semble, apprécier plus
équitablement l'excuse invoquée par l'ancien recteur Le Grand, racontant « que plusieurs fois est
« arrivé qu'après que led. degré avait été conféré
« à quelques-uns, ils se retiraient adroitement sans
« payer, ou bien quelquefois baillaient de l'argent
« faux que l'on n'avait pas loisir de faire voir » ; et,
loin d'être une défaite, le motif assigné en dernier
lieu à une précaution nécessaire trouvait son ample
confirmation dans ces vers que Molière ne craignait
pas de produire sur la scène :

> De nos faux monnoyeurs l'insupportable audace
> Pullule en cet état d'une telle façon,
> Qu'on ne reçoit plus rien qui soit hors de soupçon.

Quant aux examens, ils étaient subis dans l'école,
mais la salle des arts étant souvent remplie par les
personnes de distinction invitées à y assister, une
partie des docteurs présents se plaçait dans les
« écoutes », pièce voisine, séparée seulement par
des jalousies au travers desquelles l'on pouvait voir
et entendre. Après quoi, dans les facultés des droits
civil et canon, de médecine et des arts, le nouveau
docteur était proclamé par ses pairs, tandis qu'en
la faculté de théologie, son bonnet lui était remis

par l'évêque de Bayeux, chancelier, ou son official,
vice-chancelier, le plus souvent dans la maison de
ce haut dignitaire de l'Université et du clergé.

Admirable prétexte saisi par Saint-Martin pour
reprocher à l'abbé Dauge, ancien recteur et vice-
chancelier, l'absence de publicité que comportaient
ces réceptions de gradués en son domicile et l'accuser sans preuve de ne donner sa bénédiction offi-
cielle qu'aux maîtres ès arts, à l'exclusion des
autres facultés ! Tentative infructueuse pour s'offrir
la satisfaction d'une rancune aussi vieille qu'injusti-
fiée, en se laissant entraîner à des personnalités
dont sa vanité, aisément ulcérée, avait contracté la
fâcheuse habitude ! Et quel avait été le tort de
l'inoffensif ecclésiastique ? Il avait lu probablement
les lignes où le dominicain Guy d'Évreux, opposant
au moyen âge l'humble monture de Jésus Christ
aux brillantes chevauchées des évêques, s'indignait
de ce faste tapageur. Telle n'était pas l'opinion du
noble docteur romain, qui, dans sa biographie du
curé de Notre-Dame de Caen, M. de Guerville, signalait comme un insigne mérite sa bonne tenue
sur le coursier qu'il maintenait toujours au galop,
« comme doit aller tout prêtre gentilhomme, parce
« que cela fait honneur à l'Église ». Dauge
avait éprouvé quelque hésitation à approuver ce
passage du livre soumis à sa censure, et l'auteur
mécontent ne s'était pas cru assez vengé en signa-
lant au dédain du public, comme soutenant mal sa

dignité de recteur, le personnage effacé dont le cheval n'allait qu'au pas, au trot tout au plus, « allures ignobles, et qui ne conviennent qu'à des « marchands de bœufs ».

L'on conçoit avec moins de peine que, fondateur d'un prix au Palinod, l'intraitable lutteur se soit préoccupé de l'exécution des conditions de sa donation et qu'il ait amené l'Université à confesser que, par suite de la rupture des coins servant à leur fabrication, les jetons distribués aux vainqueurs étaient remplacés par de l'argent monnayé ; récompense, hélas ! due souvent à l'indulgence plutôt qu'à la justice, si l'on s'en réfère à la réclamation jugée au Parlement le 4 février 1656, sur l'appel du sieur de Villeneuve de Falaise, dont le feu poétique, brûlant sans doute aussi peu que celui de la lanterne apocryphe de ses concitoyens, ne l'autorisait pas à dire

Et moi, je vous soutiens que mes vers sont fort bons,

mais l'enhardissait à prétendre que, moins mauvaise que celle de ses rivaux, la pièce par lui présentée en 1654 avait droit à obtenir en conséquence des suffrages sagement refusés à tous les concurrents.

Des critiques assez futiles étaient encore émises par ce terrible censeur à propos de l'emplacement de la bibliothèque reléguée, disait-il, dans un grenier ; transportée, répondaient ses collègues, d'une

chambre basse, cédée à la faculté de médecine pour
son enseignement, à un étage supérieur, « y ayant
« peu de personnes qui en demandent l'ouverture
« pour n'y avoir que fort peu de bons libvres » ;
circonstance assurément favorable à la suppression
de la mesure qu'une méfiance prolongée à travers
les siècles avait prise à l'encontre des bibliophiles
trop zélés d'enchaîner les ouvrages confiés à leur
lecture, et dont témoigne l'attribution au scribe de
15 deniers, consignée dans un compte du 28 juin
1515 : « pro duabus clavibus quas fecit fabricare
« pro cathenis quibus sunt libri bibliotece conca-
« thenati ».

Parlerai-je, après lui, de la cloche qu'un suppôt,
désigné sous le titre de « pulsator campanæ », devait
mettre en mouvement pour annoncer les exercices
scolaires, signal religieux qui symbolisait le patronage protecteur de l'Église, et auquel l'emblème
martial du tambour se substitua naturellement dans
l'Université, réorganisée au commencement de ce
siècle par un général victorieux ? Son mutisme
n'était que trop justifié par l'insuffisance des ressources : « Pour la cloche appelée l'ordinaire, il y a
« quelque temps qu'elle ne sonne point, y en ayant
« eu procès entre l'Université et les trésoriers de
« la paroisse de St-Sauveur, sur lequel il y a eu
« transaction par laquelle ilz se sont obligez de la
« faire sonner à l'advenir, parce que l'Université
« payera le tiers de ce qu'il a cousté à la refondre,

« ce que l'Université n'ayant encore peu faire à
« cause de sa pauvreté, elle ne sonne pas encore
« à présent et à cause d'icelle cloche les prestres et
« trésoriers de St-Sauveur jouissent des privilèges
« de l'Université. »

Guère plus sérieuses n'étaient les plaintes rela-
tives aux masses des facultés et à la chaîne qui fer-
mait la rue des Écoles pendant les lectures ou leçons.
Sur ce dernier point, le censeur, chagrin, qui notait
soigneusement toute irrégularité, avait beau jeu et
pouvait donner amplement carrière à sa malveil-
lance : barrières, clôtures, poteaux étaient, en dépit
des règlements édictés les 27 août 1440 et 20 septembre 1521, incessamment renversés ou arrachés
par les charretiers dont ils barraient le passage, et
la chaîne, « raccoustrée » notamment en 1574, 1589,
1592, 1656, était un obstacle assez peu respecté
pour que, par une conclusion du 6 novembre de
cette dernière année, l'Université se vît contrainte
de menacer, infructueusement comme toujours, les
coupables d'une poursuite en justice, « en cas qu'il
« arrive rupture par force, violence ou quelque
« autre attentat que ce soit ». Quant aux masses
d'argent qui, dans les cérémonies officielles, devaient
être portées par les bedeaux devant les facultés de
droit civil, des arts et de médecine, celles de théologie et de droit canon n'ayant qu'une « baguette
« de balayne ornée de quelque peu d'argent », il
était aisé de répondre qu'exceptionnellement elles

avaient pu être, sans infraction et surtout sans
scandale, confiées à « des honnestes escoliers pour
« l'absence ou empeschement de quelques offi-
« ciers ». Un siècle plus tard, cette pomme de dis-
corde n'eût pas assez mûri pour engendrer le
renouvellement fréquent de semblables débats,
auxquels la Révolution coupait court. Sur le refus
par l'Université de prêter le serment civique, à raison
de sa répugnance à admettre la constitution civile
du clergé, elle était interdite de ses fonctions, et,
l'année suivante, sous l'empire de préoccupations
plus politiques que pratiques, l'on demandait au
département l'autorisation de déposer les masses
des bedeaux sur l'autel de la patrie, tandis que les
chaînes qui fermaient la rue des écoles étaient
offertes aux citoyens municipaux pour être con-
verties en piques.

Tout prétexte était bon pour entretenir des
hostilités envenimées par l'aiguillon de la passion,
et, sans reculer devant le caractère malséant, s'il
n'était burlesque, d'une question qui lui attira
cette verte riposte qu'on s'en rapportait à lui de
savoir où et dans quel état était l'édicule dont il
parlait, ses collègues n'ayant jamais eu la curio-
sité de s'en informer, Saint-Martin ne s'était-il pas
avisé de s'enquérir du motif de la démolition des
retraites discrètes construites, au collège du Bois,
sur l'Odon, consacrées à la commodité scolaire par
d'inconscients précurseurs de la théorie de *tout à*

l'égout, et que la pruderie contemporaine, inhabile
à les désigner par une enseigne latine dont Ra-
belais aurait eu le courage de publier la traduction,
déguise sous une appellation anglaise, ou décore
d'un nom champêtre emprunté aux habitations
alpestres d'une république sœur !

La conservation et la réparation des bâtiments
devait surtout intéresser un homme toujours en
quête d'un édifice, pourvu que son blason de
fraîche date et des inscriptions commémoratives,
gravés sur les parois, transmissent son souvenir à
la postérité. Admis au bénéfice des privilèges universitaires, il avait dû considérer ses dépenses
pour l'amélioration matérielle et l'embellissement
des écoles comme le rachat de la dispense d'enseigner et de participer aux autres exercices scolaires. Et voici qu'il signalait les ruines du collège
des Arts, les murailles prètes à s'écrouler, la
faculté de droit canon privée d'une salle indispen-
sable aux cours des professeurs et dégradée par le
séjour d'un sculpteur qui y était installé ! à quoi
l'on répondait que depuis la confection à la faculté de théologie d'un lambris qui ne lui avait pas
coûté plus de 200 livres, et quoiqu'il se fût targué
du titre de restaurateur des écoles, il n'avait plus
rien fait pour mériter ce nom. Les bâtiments
étaient des constructions commencées de toute
ancienneté et, faute de ressources, restées inache-
vées ; les travaux même, dont il avait été l'organi-

sateur, avaient produit les désordres qu'il accusait et dont on entendait au besoin le rendre responsable : n'avait-il pas fait « coupper les sommiers « qui tenoient la charpente et les murailles des « escolles de théologie et des arts en estat, depuis « lequel temps lesd. murailles se sont ouvertes et « seroient cablées s'il n'y eust esté aplicqué des « liens de fer pour les retenir ? » Quant à la faculté de droit canon, lorsqu'après la révolte des nu-pieds, Gassion était entré à Caen avec son armée, il y avait placé un corps de garde, et les soldats ayant brûlé la chaire et les bancs, ses docteurs faisaient leurs lectures dans la salle de la faculté de droit civil. Protestant contre ces imputations sciemment erronées, l'Université constatait que le sculpteur logé dans cette école était employé par Saint-Martin, qui avait fait élargir les murailles pour la sortie des ouvrages qu'il lui avait commandés ; la faculté de théologie, dans sa conclusion du 25 octobre 1654, demandait qu'il fût contraint de faire disparaître les « armoiries qu'il a fait apposer en « trois endroits les plus éminents des écoles, sans « pouvoir ni ordre de la faculté avec des nuditez « indécentes, messéantes et honteuses, dont plu-« sieurs personnes d'honneur et de probité auroient « esté scandalisées », et l'année suivante, le rec-teur Le Grand, son adversaire d'alors, appréciait la faveur accordée au collègue chagrin, qui s'en mon-trait si peu reconnaissant en ces termes ironiques :

« Cette dispense a pour prétexte quelque despense
« de deux ou trois centz franz qu'il devoit faire,
« soit en statues et marmouzetz, soit en lambris ;
« mais qui es-ce qui a jamais entendu que des
« statues ou marmouzetz ou un lambry de bois
« tiennent lieu et place d'un docteur de théologie ;
« si cela avoit lieu, toutes sortes de gens, pour un
« peu d'argent, seroient telz docteurs, et ainsy il
« y auroit à craindre que cette faculté ne fust un
« jour appelée la faculté de docteurs en statues et
« marmouzetz ». Ce danger fut conjuré ; mais
l'éveil avait été donné sur le délabrement des locaux
affectés aux études et, sur ce point, s'il fut tardif,
le résultat des débats suscités en 1654 fut du moins
utile et décisif ; en 1693, une visite faite par un
expert, sur l'ordre de l'intendant Foucault, aboutit
à un devis et à une adjudication prononcée le 2
août 1694 ; en 1700, l'on adjugeait les travaux com-
plémentaires, et en 1701, le bâtiment des grandes
écoles achevé offrait au personnel universitaire
l'asile convenable dont une gravure, donnée par
l'un de vous aux archives du Calvados, nous a conservé l'exacte représentation.

Ce fut là le seul dénouement utile à consigner
ici, qui mit fin à des différends d'autant plus regret-
tables, que leurs frais absorbaient une notable
partie des fonds dont on eût pu faire un emploi
plus avantageux. Cette fois, du moins, on n'eut pas
à ajouter à cette dépense des gratifications abusi-

vement imposées au receveur qui avait dû antérieu-
rement se résigner, en semblables circonstances, à
un sacrifice imprévu, comme le constatent les
comptes de 1586, où figure un déboursé de 22 sous
16 deniers pour faire présent d'un bonnet au gref-
fier du bailli, afin d'obtenir communication d'une
procédure, et ceux de 1781 où l'envoi d'un pâté à
un protecteur pour les privilèges est coté au chiffre
de 24 livres, 14 sous.

Dans cette lutte, où des griefs sans gravité al-
ternent avec des négligences insignifiantes, comme
dans toutes les querelles où les questions person-
nelles s'abritent et se cachent sous l'apparence de
la défense d'intérêts généraux, l'ardeur des contendants ne connut point de mesure et ils échan-
gèrent les imputations les plus injurieuses. Saint-
Martin avait commencé l'aggression et, dès le début
des hostilités, surexcité par les railleries d'adversaires
peu soucieux de ménager sa vanité, il n'avait pas
craint de formuler contre eux les inculpations les
plus blessantes, les calomnies les plus acerbes, les
soupçons les plus outrageants, allant jusqu'à les
accuser de corruption dans la collation des degrés
et se livrant même, sur leur fortune personnelle et
les garanties qu'elle offrait pour leur gestion admi-
nistrative, aux investigations les plus déplacées. Il
était mal venu à se plaindre de la vivacité avec laquelle ses coups lui étaient rendus. A Le Grand,
curé de Saint-Julien et recteur, qui avait joué à ce

gentilhomme improvisé le tour impardonnable de
rappeler qu'il était fils d'un bourgeois de Saint-Lô,
qui n'avait pas dédaigné de remplir l'office de messager de l'Université au diocèse de Coutances, il
avait reproché d'être venu à Caen en habit de toile
et d'avoir, avant d'être accepté comme précepteur
des enfants d'un procureur en vicomté, été « bal-
lieur de classes », lui attribuant, lorsqu'il avait quitté
le rectorat, cet adieu discourtois dont l'insolence
atteignait autant les professeurs que le fonctionnaire : « Messieurs, il y a un an que je vous sertz
« de vallet, s'il vous plaist d'en prendre un autre,
« — qui est un signe manifeste des mespris qu'on
« avoit faictz de sa personne ».

L'intervention de Henry Halley, le professeur
de droit, aurait été plus courte, en revanche plus
brutale. N'avait-il pas à venger des offenses d'autant plus blessantes qu'elles effleuraient l'honneur
de toute la famille ? Outré des insinuations insul-
tantes lancées contre son frère Antoine, le principal du collège du Bois, qui occupait avec tant
d'éclat la chaire d'éloquence, il s'emporta jusqu'à
comparer le docteur en théologie de Rome au
quadrupède dépeint par le vers banal :

Il n'est pas belliqueux, mais il est agricole,

ajoutant à ce nom, dont la rime pourtant serait
l'adjectif *pacifique,* une épithète commençant aussi

par la lettre *b*, qui contraste absolument avec le
ton du plaidoyer « docte et élégant », cité par
l'avocat Le Normand et qui est assez rude aux
oreilles timorées pour qu'un humoriste, en cette
occurrence doublé d'un casuiste, Sterne, ne l'ait
placée sur les lèvres de deux nonnes arrêtées dans
leur voyage par la halte d'une mule entêtée, qu'en
leur sauvant, par un ingénieux partage, la honte
de prononcer un mot effrayant pour leurs scrupules, chacune d'elles n'articulant qu'une des deux
syllabes dont se compose ce vocable mal sonnant.

Interpellé par Sallet, le conseiller commissaire,
Le Grand joua le rôle de ces témoins qui ne sont
ni à charge, ni à décharge ; il nia le propos qu'on
mettait dans sa bouche et déclara n'avoir pas entendu les paroles grossières qu'on prêtait à Henry
Halley, figurant avec quelque ressemblance par la
réserve peu compromettante de son attitude le
héros de l'opuscule historique intitulé « Le Nor-
mant sourt, muet et aveugle ». A des fautes
réciproques, quelle sanction d'ailleurs imposer, et
ne convient-il pas de compenser des torts mutuel-
lement commis et dénoncés en leur appliquant la
leçon de modération enseignée par une anecdote du
siècle dernier ? Le maréchal de Duras menait des
dames à l'Opéra ; mais il ne parvenait pas à les
placer ; toutes les loges étaient remplies. Une restait, gardée par un laquais qu'il contraignit à sortir
pour y faire entrer la société qu'il conduisait. Forcé

de subir momentanément cette violence, le locataire évincé assigna le guerrier au tribunal des maréchaux de France, où, plaidant lui-même sa cause, il dit « qu'il était bien malheureux d'être obligé de « se plaindre de l'un d'entre eux qui de sa vie « n'avait pris que sa loge » ; après quoi, il demanda justice. — « Vous venez de vous la faire », lui répondit le président.

Je me suis attardé, Messieurs, et j'ai retenu votre attention trop patiente en lui imposant la revue de ces détails variés qui m'ont, je le confesse, assez vivement intéressé pour que je m'y sois étendu avec une complaisance dont la manifestation prolongée a pu vous paraître indiscrete. Je n'aurais pas eu la témérité d'esquisser, même par un exposé sommaire, le tableau des faits accomplis durant la longue existence du corps savant dont je vous parlais ; mais, en essayant, dans une causerie sans doute bien libre et familière, de tracer quelques traits saillants de l'image à peine ébauchée de votre vieille Université, en glanant à l'avance quelques gerbes éparses de la riche moisson qu'un avenir prochain, je l'espère, récoltera, en constatant l'attrait dont on ne se défend pas dès qu'on aborde l'examen, même superficiel, de ses curieuses annales, je désirais surtout me rendre l'interprète d'un vœu depuis longtemps formulé par les amis des lettres en cette province. C'est à vous qu'il appartient de l'exaucer, à vous qu'il incombe, à l'aide

des documents que possèdent nos archives nor-
mandes et en complétant les études substantielles
de nos confrères MM. Cauvet et de Bourmont, de
conter l'histoire d'une institution digne de cet honneur par son origine, sa durée, ses services, les
souvenirs et les noms qu'elle évoque. Faire revivre
ces témoins de l'ancienne France, c'est continuer à
parfaire l'œuvre saine et utile à laquelle vous avez
voué vos efforts et, en servant la science, bien mériter du pays dont le patrimoine intellectuel se
grossit du résultat des travaux poursuivis avec un
dévouement si désintéressé. L'étude approfondie du
passé n'éclaire-t-elle point le jugement impartial du
présent et, sans nous inspirer le dédain, ni le féti-
chisme de ce qui n'est plus, ne nous fait-elle pas
apprécier équitablement et, pour les bienfaits qu'il
nous a apportés, aimer le temps où nous vivons?
Les pages écrites sur un de ces grands établisse-
ments que nous a légués l'initiative hardie et féconde
de nos pères ne font-elles pas partie de ce livre toujours ouvert où se groupent en un faisceau compact
et harmonieux les incidents de notre histoire provinciale, mêlés aux événements dont la décisive in-
fluence s'est exercée sur les destinées d'un peuple
qui a si laborieusement conquis, et qui, au jour
marqué par la justice éternelle, recouvrera son in-
destructible unité?

Aussi, quel que soit le but où tendent vos investigations, que les anciennes civilisations, les pre-

miers temps du christianisme, le moyen âge, les vestiges préhistoriques, les inscriptions, les fouilles, les chartes, les documents imprimés se disputent vos préférences, antiquaires, historiens, archéologues, persévérez, j'ose à peine dire : persévérons ! Malgré les railleries banales ou les vulgarités d'un prosaïsme qui se prétend pratique, opposons à la marée montante des appétits matériels, bientôt balayée par le reflux, les aspirations qui élèvent et purifient les âmes ; sectateurs du beau et du vrai, gardons-nous, quoiqu'en pense le scepticisme contemporain, d'abdiquer l'enthousiasme, cette vertu française, qui inspire les hautes pensées et provoque les grandes actions ; conservons pieusement, réveillons au besoin le culte de l'idéal, et entretenons sur son autel un foyer de chaleur et de lumière toujours rayonnant, comme le feu que la superstition païenne confiait à la vigilance de la vestale, comme le flambeau de la vie que, dans le vers d'un poëte philosophe, les coureurs antiques se transmettent tour à tour, comme la flamme inextinguible, spontanément allumée au monastère de Kildare, sur le tombeau de sainte Brigitte, et dont l'éclat symbolique, sans cesse ravivé par la piété des humbles femmes qu'elle appelait ses filles, semblait, en luisant pendant de longs siècles sur sa terre natale, promettre à l'illusion de l'Irlandais, persécuté et traînant la vie du vaincu, le triomphe toujours rêvé de sa foi religieuse et de ses espérances nationales.

IMPRIMERIE H. DELESQUES, RUE FROIDE, 2 ET 4, CAEN.

www.ingramcontent.com/pod-product-compliance
Ingram Content Group UK Ltd.
Pitfield, Milton Keynes, MK11 3LW, UK
UKHW020050100726
13658UKWH00004B/1657